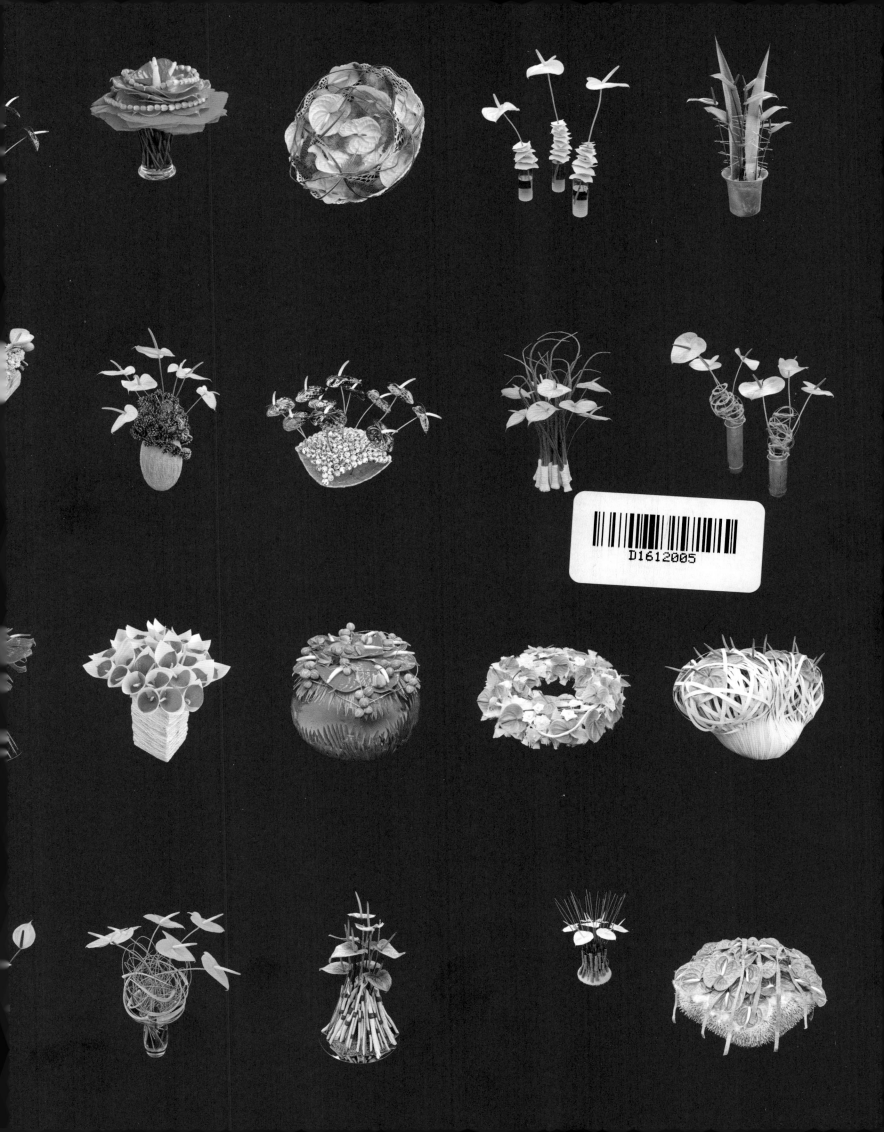

dear Alison
enjoy and create with a smile !
this is a gift from Alex Ong
he sents you his love and hugs
and so do i !

floral greetings

Anthurium

PIM VAN DEN AKKER   PHOTOGRAPHY THESI GEESINK

TERRA

INHOUD / CONTENTS

WOORD VOORAF

De anthurium is aan een ware opmars bezig. De afgelopen jaren is het assortiment flink uitgebreid met diverse kleuren en bloemvormen, zoals de gele en zwarte anthurium en de kleinbloemige variant. Veel van deze nieuwe soorten laten zich makkelijker dan ooit verwerken en omdat ze lang mooi blijven biedt de bloem vele mogelijkheden tot verrassende arrangementen.

Een belangrijke taak van de Nederlandse Anthurium Vereniging (NAV) is de anthurium onder de aandacht te brengen van decorateurs en bloemisten. De samenwerking met Pim van den Akker levert dit boek op waarin de anthurium centraal staat, een boek vol met spectaculaire maar vooral toegankelijke arrangementen. Alle anthuriums die voor dit boek gebruikt zijn, zijn geleverd door kwekers die lid zijn van onze vereniging. Voor meer informatie over de anthurium en voor een overzicht van alle variëteiten nodigen wij u van harte uit om een kijkje te nemen op onze website.

Wij hopen dat de vele verschillende creaties van Pim een inspiratie zullen vormen voor iedereen die de eindeloze mogelijkheden van de anthurium wil ontdekken, en dat u zult genieten van de prachtige anthuriums die in dit boek staan afgebeeld.

Namens het bestuur van de NAV,

P. Kouwenhoven
Voorzitter van de Nederlandse Anthurium vereniging.
www.anthurium.info

FOREWORD

The anthurium is attracting increasing attention. Recent years have seen numerous different colours and shapes added to the assortment, such as the yellow and black anthurium and the small-flowered variety. Many of these new varieties are even easier to work with than the more 'traditional' kinds and, since they last so well, anthuriums offer countless possibilities for creating surprising and unusual displays.

One of the key roles of the *Nederlandse Anthurium Vereniging or NAV* (Dutch Anthurium Association) is to raise awareness of the anthurium amongst floral artists and florists. Our collaboration with Pim van de Akker has resulted in this book – a book in which the anthurium takes pride of place and one full of spectacular, but above all feasible, arrangements. All the anthuriums used have been supplied by breeders who are members of our association. For more information about the anthurium and for an overview of all the different varieties, we heartily invite you to visit our website.

We hope that Pim's many different creations will prove a source of inspiration for anyone who is keen to discover the anthurium's endless opportunities for themselves, and that you will enjoy admiring all the delightful anthuriums on display in this book.

On behalf of the *NAV* executive board,

P. Kouwenhoven
Chairman of the Dutch Anthurium Association.
www.anthurium.info

INLEIDING

Voor mij als bloemkunstenaar is het opzoeken van de grenzen van materialen en technieken altijd een grote drijfveer. Voor dit boek zocht ik de grenzen op van één bloemsoort: anthurium. De enorme diversiteit in soorten en kleuren van deze bloem heeft mij geïnspireerd tot het maken van composities en arrangementen die niet alleen dicht bij het product liggen, maar vooral ook dicht bij de mensen die ermee werken en de mensen die ervan willen genieten.

Ik werd verrast door de vele voordelen van de anthurium als bloem in arrangementen en composities; het heeft mij doen groeien.

Voor de projecten in dit boek heb ik verschillende anthuriums gebruikt. De naam van elk arrangement verwijst naar de naam van de gebruikte cultivar.

Ik hoop dat de schitterende anthurium u, net als mij, zal meevoeren in haar bijzondere kracht en uitstraling. Van eenvoudig tot ingewikkeld, van ontroerend tot blij; voor elk moment is er een anthurium die dat gevoel kan vangen en uitdragen. Moge de anthurium, en dit boek, een bron van inspiratie zijn.

Pim van den Akker

INTRODUCTION

As a floral artist, I thrive on constantly seeking the boundaries of materials and techniques. For this book, I went in search of the boundaries of one particular type of flower: the anthurium. The vast range of different varieties and colours available inspired me to use these flowers to create compositions and displays that remain close not only to the essence of the flowers themselves but also, and above all, to the people who work with them and those who enjoy appreciating them.

I was surprised to discover how many advantages there were to using the anthurium as a flower for arrangements and compositions – it has opened up new avenues for me.

I have worked with a number of different anthuriums for the projects in this book. Each arrangement's name indicates which cultivar has been used.

I hope that you will be as enthralled as I am by the unique strength and beauty of the splendid anthurium. From simple to complex and from moving to joyful, there is an anthurium that can capture and express any emotion. May the anthurium, and this book, be a source of inspiration for you.

Pim van den Akker

Emperor

Met behulp van hete lijm is van rood pitriet een rechthoekig frame gemaakt waarin een bak met oasis staat. De anthuriumbloemen die daarbovenuit steken, hebben een krachtige uitstraling. De slingers van geregen *Hypericum*-bessen reflecteren de vloeiende vorm van de bloem.

With the help of warm adhesive, a rectangular frame has been made from red rattan, with a tray of oasis foam placed inside it. The anthurium flowers protruding from it exude a sense of strength. The trails of threaded *Hypericum* berries echo the flowers' cascading effect.

Pistache, Manaka, Cognac, Grace

Een schaal is bekleed met lotusblad dat werd afgewerkt met een laag wax, net als de lamellen die in vloeiende lijnen door het stuk heen lopen. Een constructie van gedroogd kiwihout biedt plaats aan een mooie mix van anthuriumsoorten die in oasis zijn gestoken.

A dish has been covered with lotus leaves and then finished with a layer of wax, as have the strips of dried kiwi wood that wind throughout the piece. This design forms an attractive setting for the beautiful mix of anthurium varieties inserted into oasis foam.

Red Bull

Een lief klein arrangement gemaakt op een glazen vaasje. Een rand van rood skeletblad is met nietjes aan elkaar bevestigd. In het midden hiervan zijn de anthuriumbloemen eveneens gelaagd verwerkt. Het geheel wordt versterkt door de slinger van geregen *Hypericum*-bessen.

A small, pretty arrangement in a glass vase. Red skeleton leaves have been stapled together to form the edging. Likewise, the anthurium flowers at the centre have also been layered. The trail of threaded *Hypericum* berries provides the finishing touch.

Snowy, Angel

In een glazen schaal is een frame gemaakt van papavers. Door de steel steeds in de bol (zaaddoos) van de papaver te steken, ontstaat een stevig, zwevend geheel. De bloemen zijn in dit frame gestoken en de stelen staan in water. De constructie houdt de bloemen op hun plek, en de droge papavers en verse bloemen vormen een mooi contrast.

In a glass dish, a lightweight yet sturdy frame of poppy heads has been constructed by inserting the stems into the seed pods. The flowers have then been slotted into the frame with their stems in water. This construction keeps the flowers in place, while the dry poppy heads form an effective contrast with the fresh flowers.

Magic White

Een grote piepschuimbol is bekleed met koraalmos. De bijzondere anthuriums zijn hier overheen bevestigd en krijgen water vanuit buisjes die in de bol zijn gestoken. Het bruine pitriet waaraan kleine rondjes van bruin leer zijn geregen, geven het arrangement extra diepte en kracht.

A large polystyrene sphere has been covered with coral moss. The striking anthuriums fastened around its exterior receive water from tubes that have been inserted into the sphere. The brown rattan, which has had tiny discs of brown leather threaded onto it, gives the arrangement added strength and depth.

Shibori

Een mooie grote schaal biedt plaats aan gekleurde *pebbles*, kiezels. Deze zijn gemaakt van oasis dat werd voorzien van een aantal laagjes kaarsvet. Hierdoor zijn de *pebbles* afzonderlijke 'vaasjes' geworden die het water vasthouden. De schitterend getekende anthuriums zijn echte *eyecatchers*. De vloeiende lijnen van het arrangement worden weerspiegeld in de drie ijzerdraden die omwikkeld zijn met wol.

An attractive and generously sized dish houses coloured 'pebbles' which have been made from oasis foam and covered in several layers of candle wax. As a result, the 'pebbles' form individual 'vases' that hold the water. Thanks to their beautiful markings, the anthuriums are real eye-catchers. The three pieces of wool-wrapped wire echo the flowing lines of the arrangement.

Senator

De basis van dit elegante bruids-
boeket is een kanten lampenkapje
waarin zachtgetinte anthuriumbloemen
hun plaats vinden. Het geheel wordt
versterkt door *Cetaria*-gras, *Asclepia*
en *Pulsatilla vulgaris*. Door het
gebruik van de *Stephanotis*-ranken en
het blad van *Glyceria variegata*
ontstaan ritme en beweging.

**A lace lampshade holding anthurium
flowers in soft pinks forms the basis
for this elegant bridal bouquet.
Cetaria grass, *Asclepia* and *Pulsatilla
vulgaris* add extra interest. The use of
Stephanotis tendrils and the leaf of
Glyceria variegata helps to create
rhythm and movement.**

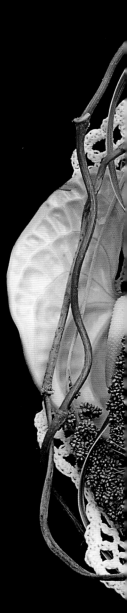

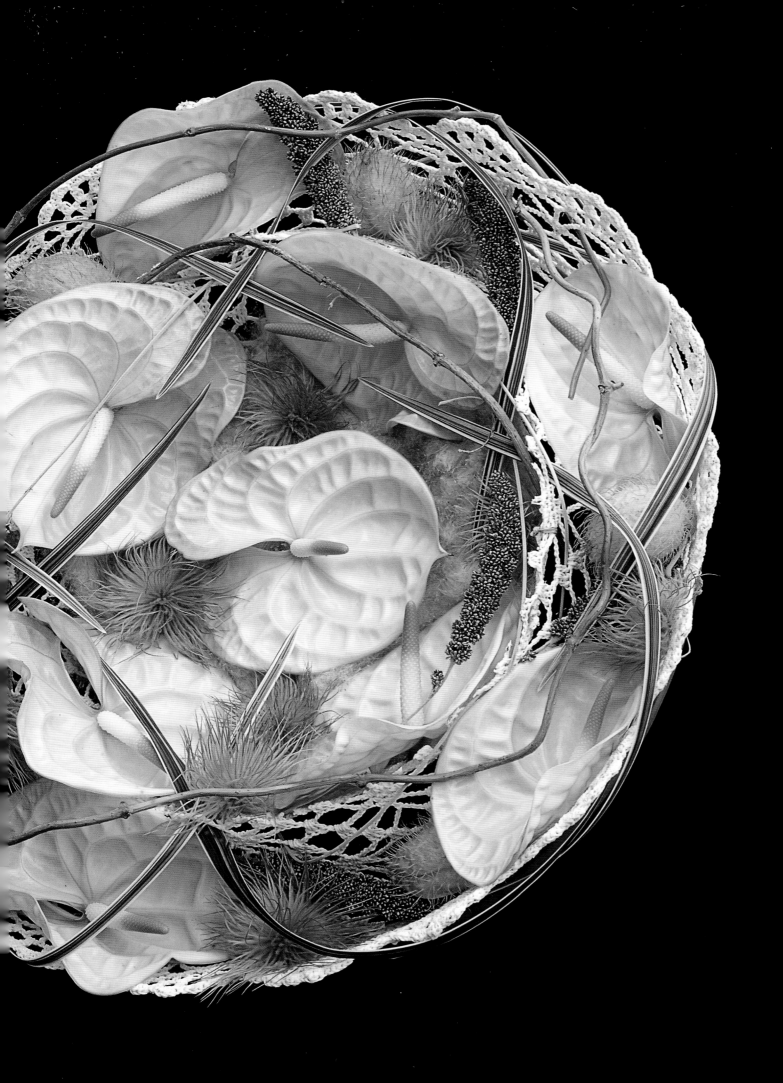

Moments

In glazen vaasjes die in kaarsvet zijn gedoopt, zitten elegante witte anthuriums. De bloemen worden gesteund en op hun plek gehouden door een stapeling van stukjes eierschaal waarin een gaatje is geboord.

Elegant white anthuriums sit in glass vases that have been dipped in candle wax. The flowers are supported and held in place by stacks of eggshell pieces with a hole drilled through each of them.

Previa

In de met steekschuim gevulde vaas
zijn twee *Agave*-bladeren gezet. Door
met behulp van pitriet de bladeren
met elkaar te verbinden krijgen deze
extra stevigheid. De bloemen kunnen
nu eenvoudig tussen en naast het
ontstane frame worden gestoken. Het
steekschuim werd bestrooid met grind
en de uiteinden van het pitriet zijn
omwikkeld met wol; kleine details die
het geheel afmaken.

**Two *Agave* leaves have been placed in
a vase filled with floral foam. Using
pieces of rattan to interconnect the
leaves creates extra reinforcement.
The flowers can then simply be
arranged in and around the resulting
rattan frame. Small details provide the
finishing touch: the floral foam is
covered with pebbles and the ends of
the rattan sticks are wrapped in wool.**

Lumina

Een zilveren schaal is gevuld met steekschuim dat is afgewerkt met rendiermos. Hierop is een constructie gemaakt van de vruchttakken van de banaan, die met ijzerdraad aan elkaar zijn bevestigd. De ranke, slanke bloemen geven het arrangement een zachte elegante beweging.

A silver dish has been filled with floral foam that is covered in reindeer moss. The display has been composed on top of this by fastening together the fruit stems of a banana plant using wire. The delicate, slender flowers lend the arrangement a subtle yet elegant sense of movement.

Fantasia

Voor dit arrangement zijn dennenappels
op een lange draad gezet, waarna ze
over de vaas werden gedrapeerd. Om
het geheel extra stevigheid te geven
werden ze overgoten met kaarsvet.
Dankzij deze stevigheid kunnen de
anthuriums in hun volle glorie op de
gewenste plaats worden gestoken. Het
subtiele zilverkleurige kringeldraad
vormt een extra detail.

**For this arrangement, pine cones have
been attached to a long piece of wire
and then draped around the top part of
the vase. Candle wax was then poured
over them for reinforcement. This
sturdiness enables the anthuriums to be
inserted as desired and displayed in
their full glory. The subtle twist of silver
wire adds extra interest.**

Black Queen

Een glazen schaal is bekleed met een
dun laagje kurk met daarover kaarsvet.
Op deze basis is een laag geplaatst van
kleine kwarteleitjes. Door deze eitjes
tijdens het lijmen over de glazen schaal
te leggen, is dezelfde bolle vorm
ontstaan. De bloemen die door de eitjes
op hun plaats worden gehouden, lijken
losjes te balanceren in deze compositie.

**A glass dish has been coated with a thin
layer of cork and finished with candle wax.
An identically shaped construction of tiny
quail eggs has then been placed on top.
The quail-egg construction was made by
glueing the eggs together over the form of
the glass dish, thus creating the same
domed shape. Held in place by the quail
eggs, the flowers appear to be casually
balancing in the space above.**

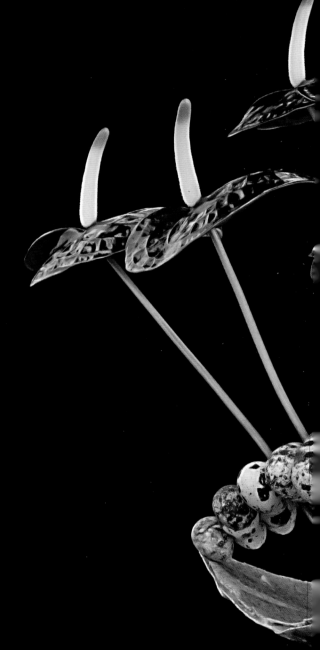

Manaka

Dit eierframe werd gemaakt door de eieren tijdens het verlijmen over een schaal te plaatsen. Na het lijmen werden de eieren voorzien van een laag kaarsvet en werden ze gevuld met water. Dunne ijzerdraden die zijn bekleed met wol, vormen een inwendig frame dat de bloemen op hun plaats houdt. De bloemen halen hun water uit de eieren.

This frame of eggs was made by placing the eggs around a dish and glueing them together. After glueing, a layer of candle wax was applied over the eggs and they were then filled with water. Thin pieces of wool-wrapped wire create an inner frame that holds the flowers in place. The water inside the egg structure keeps the flowers hydrated.

Carnaval

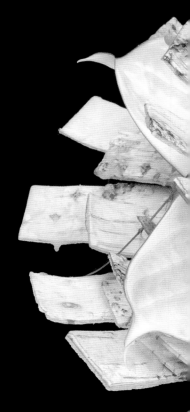

Een oude zinken emmer is gevuld met oasis en voorzien van een frame van stukjes *Betula*-schors die in ringen aan elkaar zijn gelijmd. De *Betula*-ringen benadrukken de lagen waarin de bloemen zijn gestoken. Het grijsgroene *Senecio*-blad zorgt voor de *finishing touch*.

A weathered zinc bucket has been filled with oasis foam, and pieces of *Betula* bark glued together in circles have been used to form a frame inside. The circles of *Betula* echo the layered design of the flowers. Grey-green *Senecio* leaves provide the finishing touch.

Midori

Een glazen vaas is dakpansgewijs
bekleed met stukjes leer in twee
kleuren. De vaas is gevuld met
steekschuim. De frisgroene
anthuriums zijn hierin compact
verwerkt om het massieve karakter
van dit arrangement te versterken.
De ranken van *Diplocyclos* geven het
geheel een mooie onderbreking.

**Pieces of leather in two
complementary colours have been
applied to the outside of a glass vase
in a fish-scale pattern. The vase was
then filled with floral foam. The
fresh-green anthuriums have been
tightly packed into the vase in order
to accentuate the solidity of this
arrangement. The tendrils of
Diplocyclos provide an attractive
contrast.**

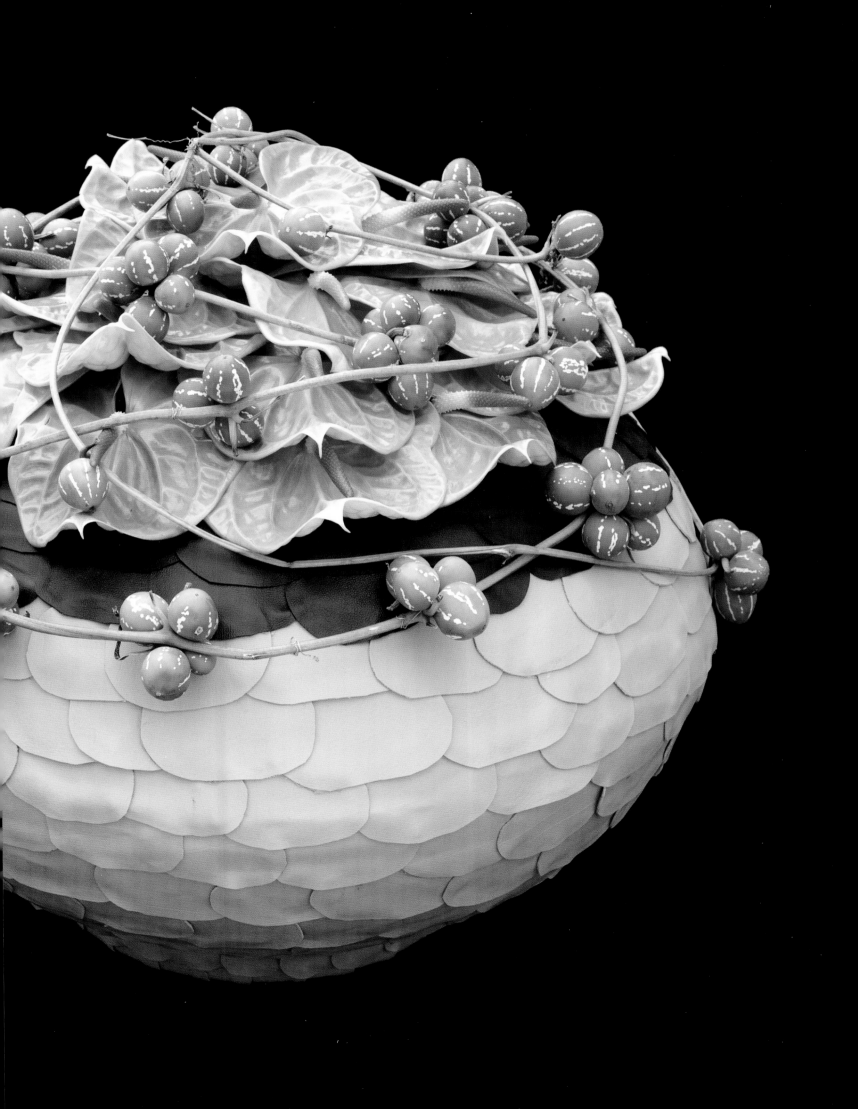

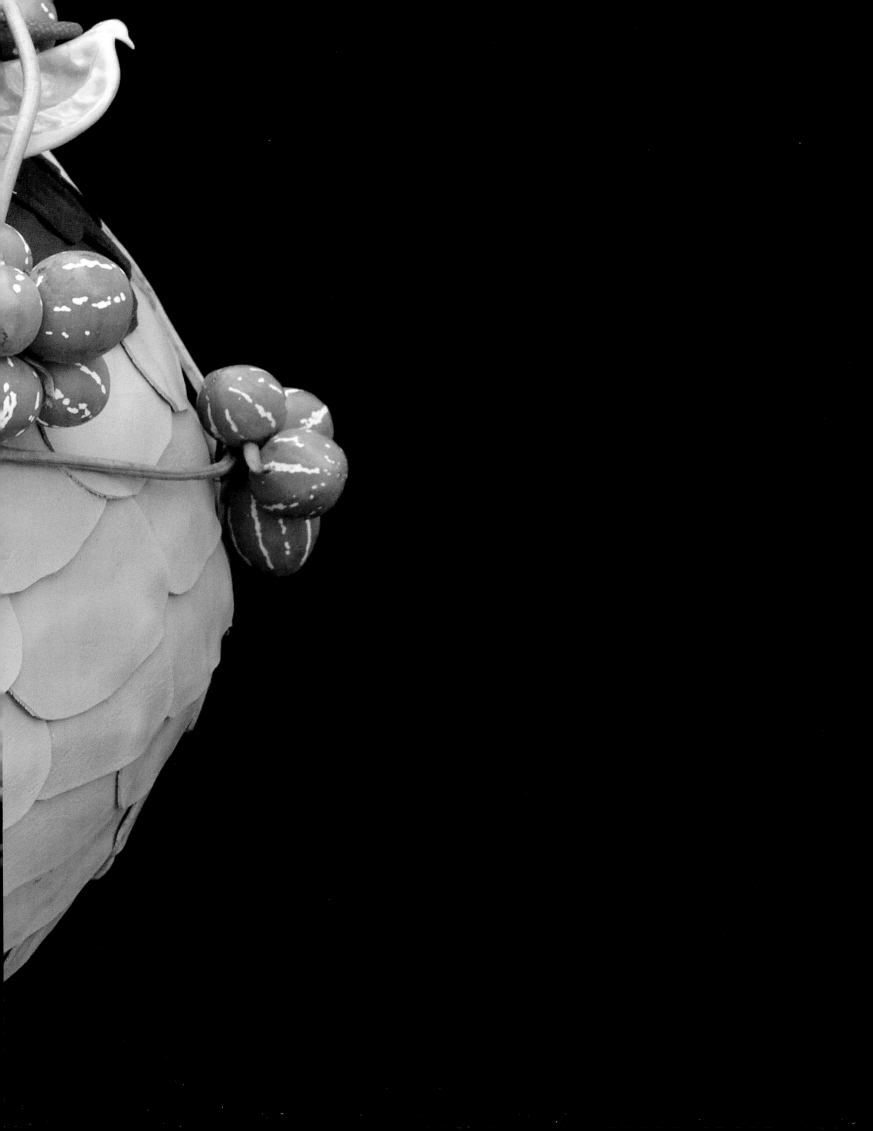

Daniëlle

Een schaal van een grof materiaal is gevuld met steekschuim dat in een glooiende vorm werd gesneden. Deze vorm is met de bessen van *Hypericum* volgestoken, waardoor een mooie ondergrond is ontstaan. De anthuriums steken hier elegant bovenuit, hetgeen versterkt wordt door de rijgsels van *Hypericum*-bessen.

A dish of coarse material has been filled with floral foam modelled into a mound shape. This mound has then been covered with *Hypericum* berries to create a pretty base. The anthuriums extend elegantly upwards from the mound, echoed by the protrusions of threaded *Hypericum* berries

40

Nunzia

Voor dit arrangement zijn anthuriums in waterbuisjes geplaatst. Elk buisje werd gehuld in een bundeltje van Beergrass. De bundeltjes werden omwikkeld met zilveren wikkeldraad, dat vervolgens een laagje gips kreeg. Zo kreeg elk bundeltje stevigheid en gewicht, waardoor de constructie op zichzelf kan staan. Temidden van het elegante Beergrass komen de anthuriums volledig tot hun recht.

For this arrangement, anthuriums have been placed in tubes of water. Each tube was encased in bear grass and then entwined with silver wire before having a layer of plaster added to create a sheaf. By increasing the weight and hence stability of each sheaf in this way, the creation can stand unaided. The elegant bear grass sheaves set off the anthuriums in their midst to maximum effect.

Fire

In een glas is een frame gemaakt van *Typha*-blad in diverse diktes en stadia, van vers tot oud, waardoor diepte en contrast ontstaan. De verschillende stadia zorgen voor een sfeer van vergankelijkheid. *Pulsatilla vulgaris* en volle rode anthuriums brengen kracht in het arrangement.

A glass contains a frame of *Typha* leaves of various thicknesses and stages of maturity, ranging from new leaves to old, which creates depth and contrast. These different stages of maturity lend an air of transience. *Pulsatilla vulgaris* and full red anthuriums inject a sense of strength into the arrangement.

Pistache

In oasis in de vorm van een hart zijn lange *Asparagus*-takken gestoken. Met behulp van lijmspray zijn deze takken gefixeerd in een uitgerekte hartvorm. Daartussen zijn de bloemen gestoken. Speergras dat met de vorm meeloopt, versterkt de indruk van beweging.

Long *Asparagus* sprigs have been inserted into a heart-shaped piece of oasis foam. The sprigs were fixed in place in an elongated heart shape using adhesive spray. The flowers have been inserted in between. Blades of spear grass echoing the shape emphasise the sense of movement.

Spice

In een vaas die met steekschuim is gevuld, is een opstaande rand van gras gestoken. Vervolgens zijn deze grassen met lijmspray ingespoten en met de hand tot de uiteindelijke strakke vorm verwerkt. De anthuriumbloemen zijn eenvoudig boven de grasrand uit gewerkt en zijn voorzien van *Cetaria*-grassen, waardoor een massief, krachtig geheel is ontstaan.

Blades of grass have been inserted into a vase filled with floral foam to create a vertical edging. The grass was then sprayed with adhesive spray and teased into the desired final shape by hand. The anthurium flowers were simply inserted to protrude above and beyond the grass edging. The inclusion of *Cetaria* grass results in a robust and forceful overall effect.

Champagne

In een hoge vaas, waarvan de onderkant in kaarsvet is gedoopt, is een schotel met oasis geplaatst. Hierin zijn Setaria-grassen in een grote ronde vorm verwerkt. De anthuriums zijn er vervolgens als een massa in gestoken. Door enkele Setaria-pluimen ertussen te plaatsen ontstaat een harmonieus geheel. Losse plukjes van hetzelfde gras zijn over de anthuriums gestrooid en blijven op hun plaats met behulp van lijmspray.

A tall vase that has had its base dipped in candle wax holds a dish containing oasis, into which Setaria grass flower heads have been arranged in a large spherical shape. The anthuriums have then been inserted to form a circle in the centre, with the inclusion of a handful of Setaria in between the flowers creating an overall sense of balance. As a finishing touch, Setaria has been scattered on top of the anthuriums and held in place using adhesive spray.

Peruzzi

Een oud stuk hout dient als basis voor dit arrangement. In het hout zijn gaten geboord waarin waterbuisjes zitten die zijn afgewerkt met peperbessen. De bloemen geven het geheel de kracht die het arrangement verdient.

A weathered piece of wood forms the basis for this arrangement. The wood has had holes drilled into it, inside which are tubes of water that have been subsequently covered by pepper berries. The flowers give the arrangement the strength it deserves.

Rapido

Een schaal is gevuld met oasis waarna er een vorm is uitgezet van stroken die gemaakt zijn van oude lamellen van raambekleding. De stroken zijn bekleed met schaafsel van de tondelzwam dat met hete lijm is bevestigd. Het frame is omwikkeld met touw dat met behulp van hete lijm is bekleed met gemalen rendiermos. De bloemen worden ondersteund door de constructie en de tussenliggende ruimtes zijn afgewerkt met bloemen van de Cotinus coggygria (pruikenboom).t.

A dish has been filled with oasis before creating a shape using strips of old window blinds. The strips are covered with tinder fungus shavings that have been attached using warm adhesive. The warm adhesive has also been used to attach ground reindeer moss to a piece of string that has subsequently been wrapped around the frame. This construction supports the flowers, and flowers from the Cotinus coggygria (smoke tree) have been inserted into the spaces in between them.

Red Love

Deze vaas is eenvoudig gevuld
met anthuriums. Elke bloem kreeg een
puntig kokertje van dun houtfineer,
wat ze geschikt maakt voor een
samengesteld boeketje maar ook als
enkele bloemdecoratie.

**This is simply a vase filled with
anthuriums. Each flower has been
encased in a conical piece of thin wood
veneer with a point, making them
suitable for displaying either
individually or in a bouquet.**

Anastasia

Over een glazen kom is een frame
gemaakt van aan elkaar geregen
sierpeertjes. Deze basis geeft de
anthuriums alle steun en zorgt ervoor
dat de bloemen op de gewenste plek in
het arrangement blijven staan. De
tussenliggende ruimtes zijn ingevuld
met bloemen van de Cotinus coggygria
(pruikenboom)

**Trails of small ornamental pears
threaded together have been used to
create a frame on top of a glass dish.
This base offers plenty of support to
the anthuriums while ensuring that the
flowers remain in place too. Flowers
from the Cotinus coggygria (smoke
tree) have been inserted into the
spaces in between.**

Choco

Op een glazen vaas is een frame gemaakt van smal houtband. Dit band is aan elkaar vastgemaakt met behulp van houten wasknijpers; een makkelijke manier om een transparante constructie te maken die goed combineert met de anthuriums.

Held together using wooden pegs, a frame of thin strips of wood has been constructed above a glass vase. This is a straightforward way to create a transparent design that works well with anthuriums.

Indiana

Een grote vissenkom werd gevuld met
steekschuim en palmblad. Het blad dat
op de buitenkant van de kom is gelijmd,
zorgt voor een vervreemdend effect. Het
steekschuim is bestrooid met groen zand.
De anthuriumbloemen in combinatie met
Diplocyclos vervolmaken de sfeer.

**A large fish bowl has been filled with
floral foam and palm leaves. Glueing palm
leaves to the outside of the bowl has
created an unusual effect. Green sand has
been scattered on top of the floral foam.
The anthurium flowers in combination
with *Diplocyclos* complete the picture.**

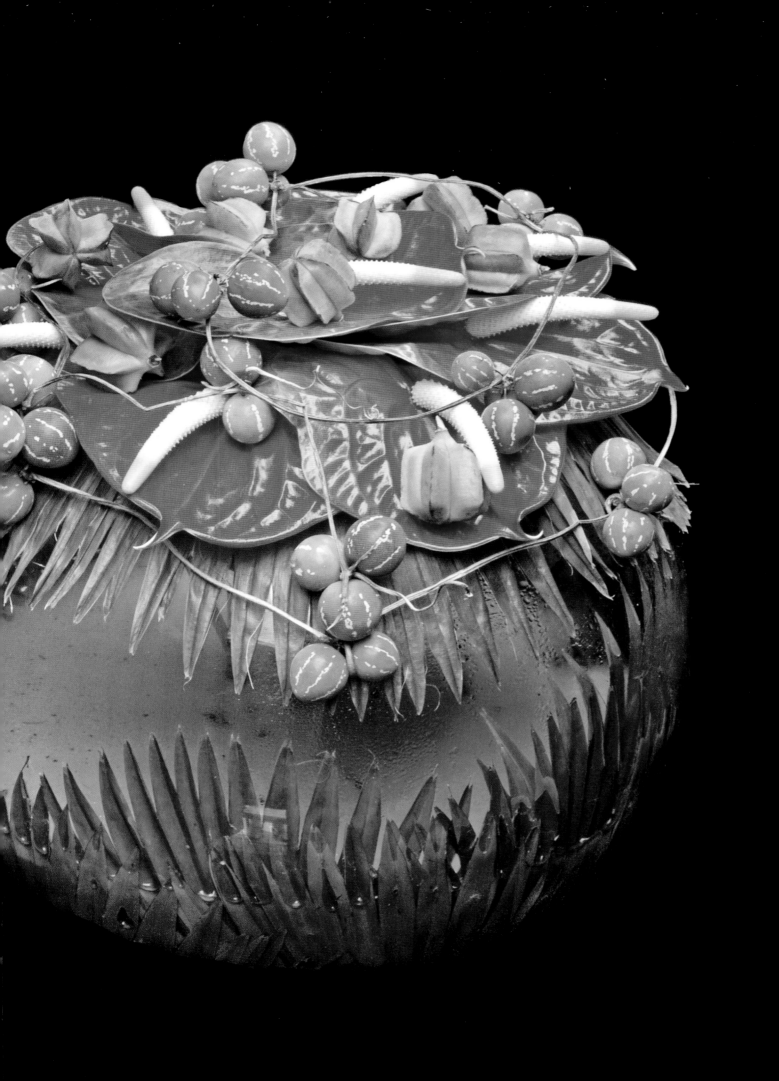

Akapana

In een klassieke vaas is met behulp van steekschuim een hoge vorm gemaakt, die is vol gestoken met bijzondere anthuriumbloemen. De slingers van geregen *Hypericum*-bessen verrijken deze compositie.

In a classical vase, floral foam has been used to create a tall shape which has been covered in striking anthurium flowers. The trails of threaded *Hypericum* berries further enrich this composition.

Cognac

Een kant-en-klare oasiskrans werd
bekleed met houtfineer en voorzien
van gedroogde meidoorntakken. Door
gedroogd riet tussen deze takken te
gebruiken ontstaat een mooi lijnenspel
waarbij de bloemen rust brengen.

**A ready-made foam circle has been
edged with pieces of wood veneer and
decorated with sprigs of hawthorn.
Interspersing pieces of dry reed with
the twigs has created interesting lines
which help the flowers to exude a
sense of calm.**

Sonate Royal

Een kransvorm is vol gestoken met witte veertjes en stukjes behangpapier die met een sierspeld zijn vastgezet. Een kabel van gips geeft de vorm een mooie beweging, die wordt versterkt door de anthuriumbloemen en hun stelen.

Countless white feathers and pieces of wallpaper cover a wreath shape, having been attached using ornamental pins. A cable made out of plaster lends the piece an appealing sense of movement, which is underlined by the anthurium flowers and their stems.

Exciting Love

In een schaal gemaakt van schijfjes kurk zijn de anthuriums kriskras in het steekschuim gestoken. De oasis is afgewerkt met de pluis van de lisdodde *(Typha)*.

The anthuriums have been inserted criss-cross into the floral foam placed in a dish made of cork discs. The oasis foam has been finished with bulrush fluff *(Typha)*.

Marijke

Een vaas met een glooiende vorm is bekleed met dun balsahout dat met hete lijm werd bevestigd. De uiteinden van de balsastrips zijn verweven tot een compacte vorm die plaats biedt aan de anthuriums. Een krachtige basis die zich goed leent voor hergebruik.

A curved vase has been covered with thin balsa wood that was attached using warm adhesive. The outer ends of the balsa strips have been interwoven into a compact shape to display the anthuriums. This forms a sturdy basis, suitable for reuse.

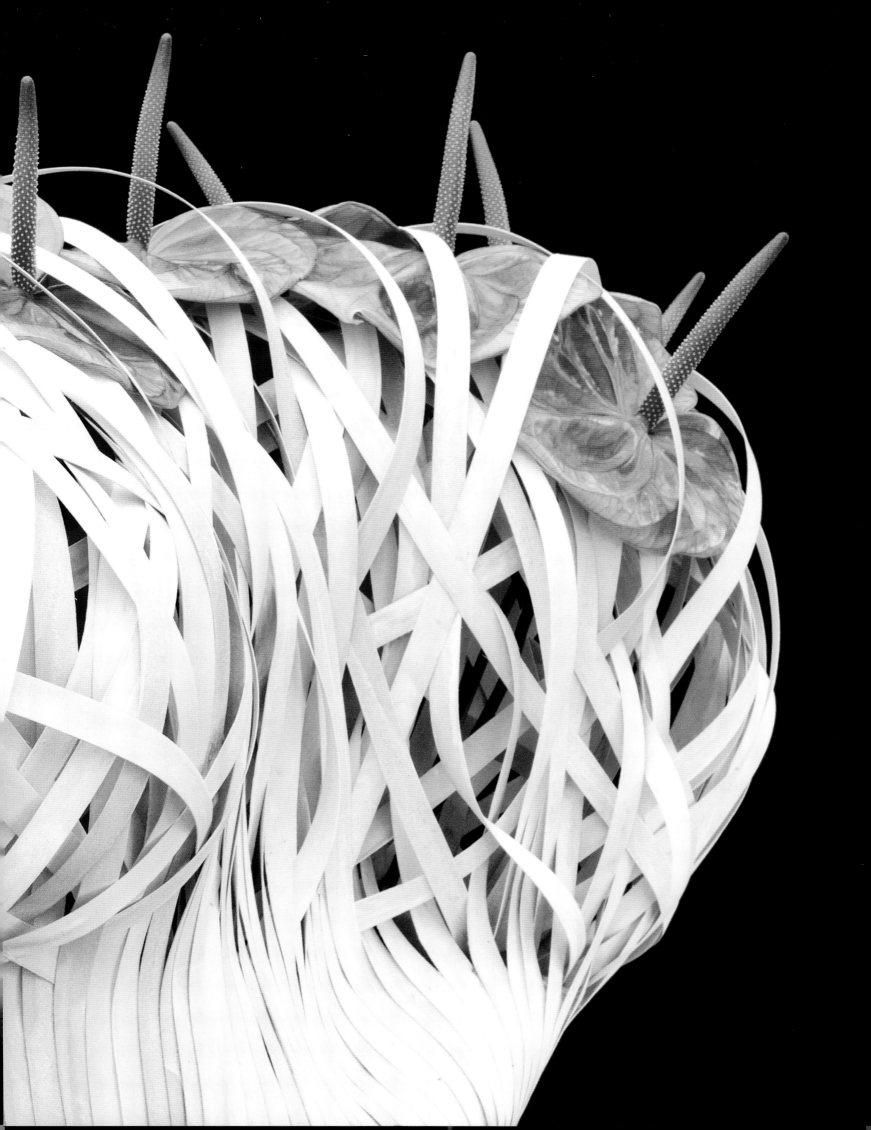

Amigo

In een grote mand is een
waterschotel met steekschuim gezet.
Als een volle massa zijn hierin de
bloemen gestoken. Daarna werd een
overkoepelende constructie gemaakt
van tarwegrassen voorzien van
ijzerdraad.

**A bowl of water containing floral
foam has been placed in a large
basket. Enough anthuriums have
been inserted into the foam to create
a solid mass of flowers. Finally,
wheatgrass intertwined with wire has
been used to make the covering
layer.**

Nexia

In een mand is oasis aangebracht dat werd bestrooid met grind. Pitriet kan gemakkelijk in zo'n mand worden verwerkt. Er is een mooie golvende constructie mee gemaakt die plaats biedt aan de stijlvolle anthuriums. Hier en daar een detail in de vorm van een klein wit schelpje maakt het geheel af.

Oasis foam has been placed in a basket and covered with pebbles. Rattan can easily be incorporated into a basket of this kind, and it has been used to create a charming, undulating framework around the elegant anthuriums. A small white shell dotted here and there completes the overall effect.

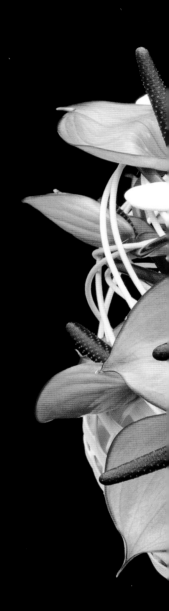

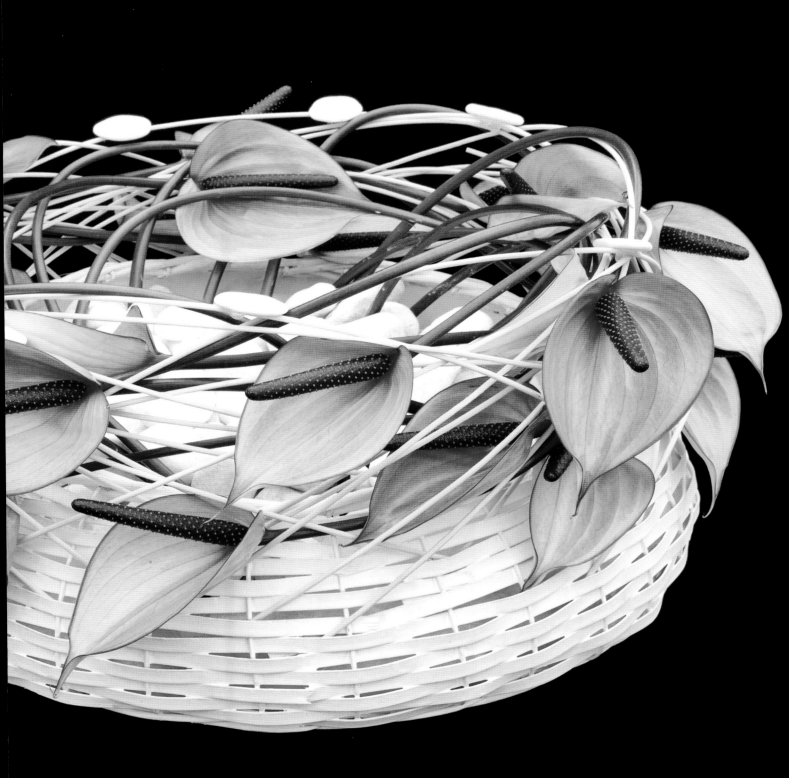

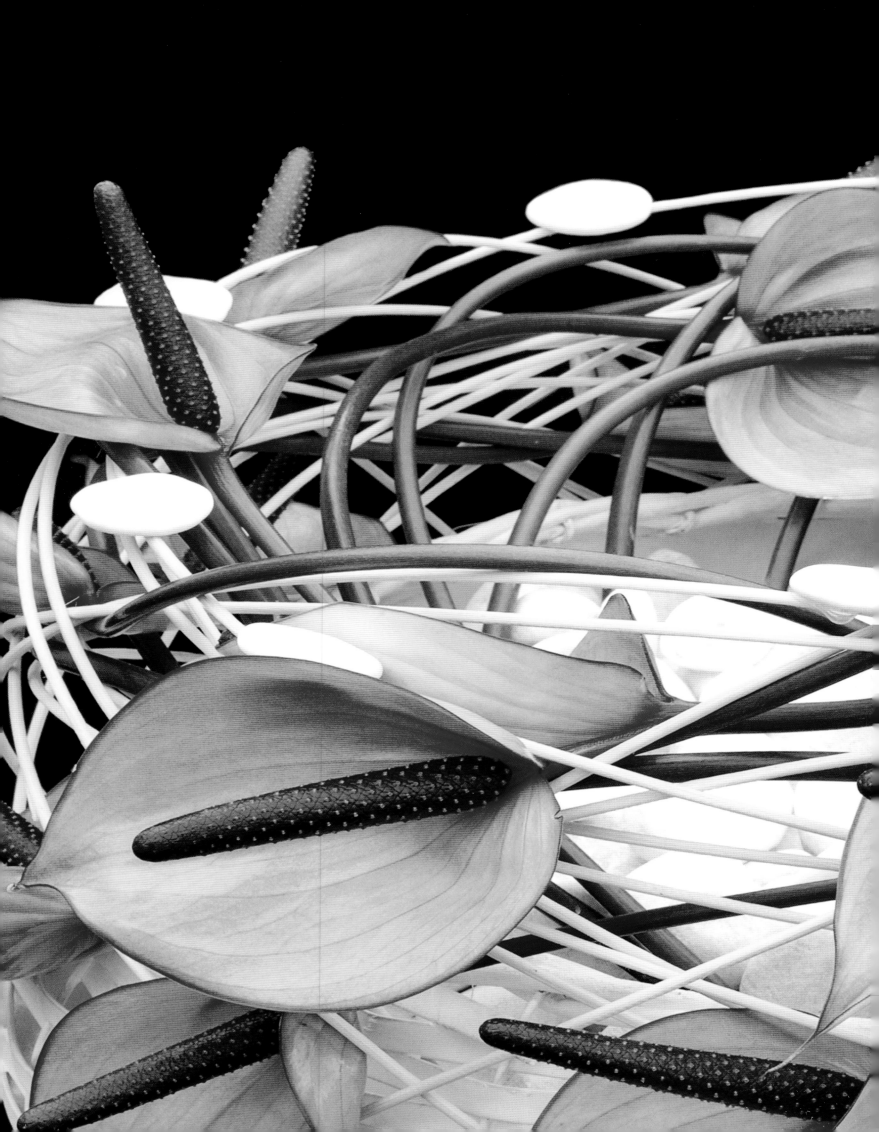

Tropical

In een glazen vaas is een schikking gemaakt met behulp van rood houtband. De constructie is gemakkelijk te maken met nietjes en biedt een goede steun aan de anthuriumbloemen.

This display has been created in a glass vase using red strips of wood. The framework can be simply stapled together and provides good support for the anthurium flowers.

Zafira

Van een simpel A4-papiertje is een prop gemaakt die vervolgens weer werd opengevouwen. Daarna werd het papier gefixeerd met kaarsvet waardoor het sterk en waterdicht is geworden. Anthurium en *Nigella* kregen hierin hun plaats. Enkele ijzerdraden met wol over de bloemen zorgen voor een herhaling van de basis en geven het arrangement de gewenste diepte.

An A4 sheet of plain paper has been crumpled up and unfolded again, then coated with candle wax to reinforce it and make it watertight. Anthuriums and *Nigellia* have been placed inside. Several pieces of wool-wrapped wire arranged over the flowers echo the basic shape and give the display the desired sense of depth.

Manaka

In een glazen schaal is met gedroogde en gebleekte *Helianthus*-stelen een ritme uitgezet. De anthuriums worden op hun plaats gehouden door kleinere stukken *Helianthus* die met een speld zijn vastgezet. De basis is afgewerkt met rendiermos.

Dried and bleached *Helianthus* stems have been arranged in a glass dish to create a sense of rhythm. The anthuriums are held in place by smaller pieces of *Helianthus* which have been attached using pins. Reindeer moss has been used as base covering.

Tropic Night

Op een hartvorm van oasis zijn de anthuriumbloemen met de onderkant naar boven verwerkt, wat een vervreemdend beeld geeft. De slingers van geregen *Hypericum-*bessen geven extra diepte en contrast.

The anthurium flowers have been placed facing downwards on a heart-shaped piece of oasis foam, which creates an unusual effect. The trails of threaded *Hypericum* berries provide a sense of greater depth and contrast.

Calisto

De constructie die de bloemen draagt, is gemaakt van pvc-buisjes omwikkeld met wol. Deze buisjes werden aan elkaar gelijmd. Ze bieden plaats aan de stelen van de anthuriums, die zo het frame dragen. De bloemstelen staan in een glazen schaal met water.

The framework supporting the flowers is made of wool-wrapped PVC tubes that have been glued together. The stems of the anthuriums are inserted into the tubes, hence the display retains its shape. The flowers stand in a glass bowl filled with water.

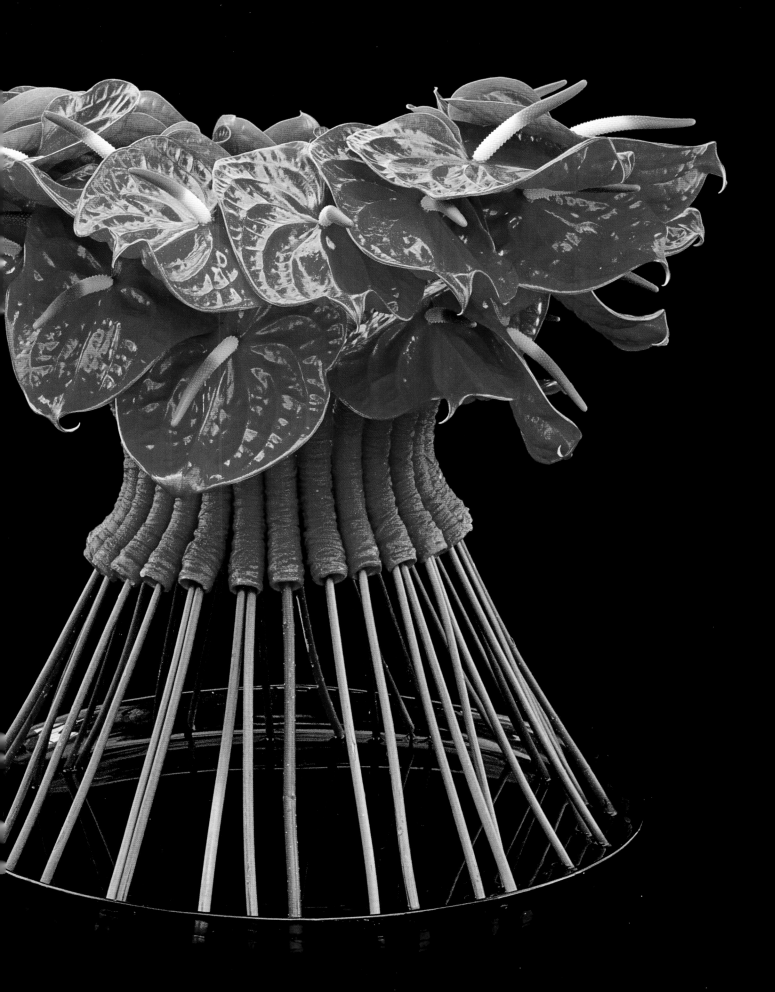

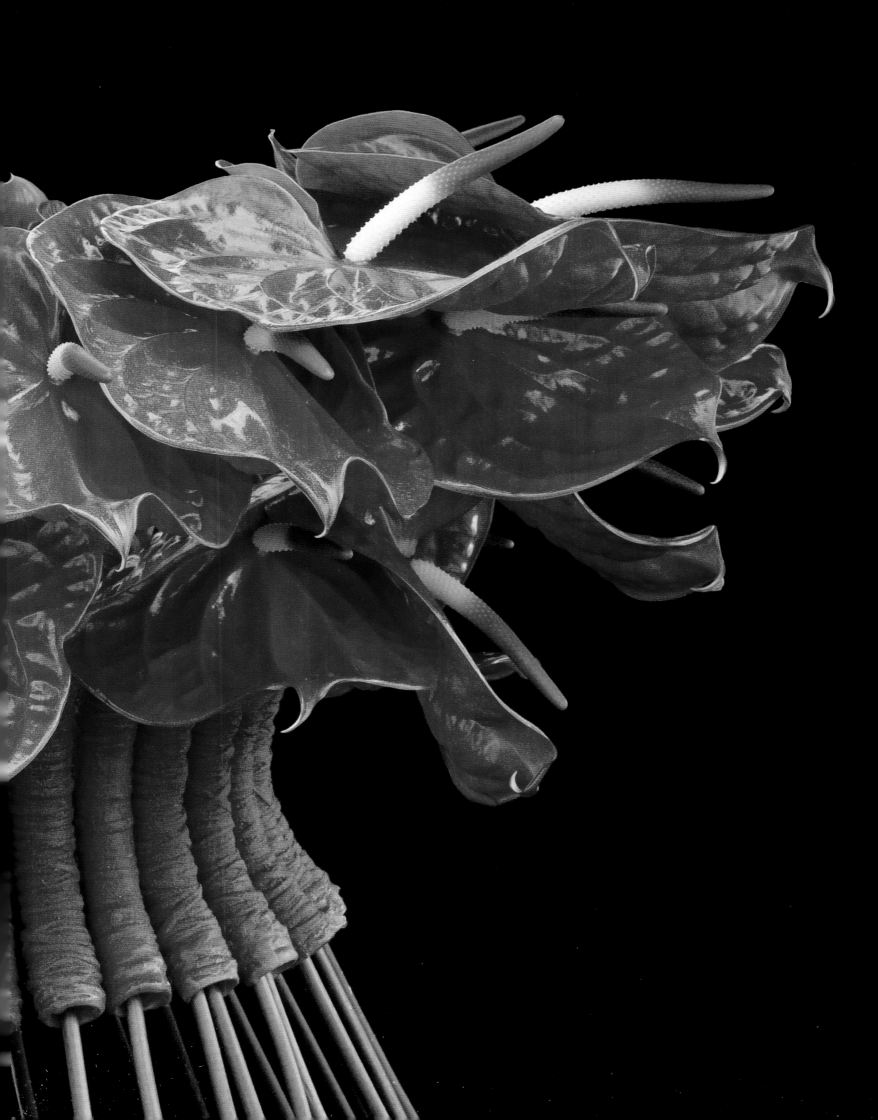

Cheers

In een glazen vaas is met behulp van houtlijm een constructie gemaakt van pitriet. Door deze solide vorm kunnen de bloemen gemakkelijk in de vaas worden geplaatst. Losse stukken pitriet 'sturen' de bloemen in de gewenste positie. Enkele *Tillandsia*-bladeren die in kaarsvet zijn gedoopt, maken het geheel af en versterken het zwevende effect.

Rattan has been intertwined and glued using wood adhesive to create a framework in a glass vase. The solidity of this form makes it easy to place the flowers in the vase. Loose pieces of rattan 'coax' the flowers into the desired position. A couple of *Tillandsia* leaves that have been dipped in candle wax complete the display and emphasise the sense of floating.

Bellanca

Op een houten plaatje zijn halve oasisbollen gezet, waarna het geheel is afgewerkt met een dikke laag kaarsvet. Met pitriet is een constructie gemaakt die de anthuriumbloemen op hun plaats houdt.

Hemispheres of oasis foam have been placed on a wooden base and the entire piece has been covered in a thick layer of candle wax. A rattan framework has been created to hold the anthurium flowers in place.

Moments

In een glazen vaas is een frame gemaakt van kastanjetakken en opgerold anthuriumblad. Dankzij dit frame kunnen de bloemen en het speergras goed worden verwerkt en verdeeld. De bovenkant van de vaas kreeg een laag kaarsvet.

On top of a glass vase, a framework has been constructed out of chestnut twigs and rolled-up anthurium leaves. This framework makes it easy to insert and arrange both the flowers and the spear grass. The upper surface of the vase was covered in a layer of candle wax.

Pistache

Een glazen vaas diende als mal voor deze compositie. De vaas werd gevuld met gedroogd *Equisetum*, dat daarna met houtlijm werd gefixeerd. Na droging is de vaas verwijderd en bleef de vorm over. De anthuriums staan in glazen buisjes die in de vorm zijn gezet. De *Asclepia*-balletjes maken het geheel af.

A glass vase was used as a mould for this composition. The vase was filled with dried *Equisetum* fixed in place using wood adhesive. Once dry, the vase was removed to leave the resulting shape. The anthuriums stand in glass tubes that have been inserted into the form. The *Asclepia* pods provide the finishing touch.

Terra

Van piepschuim is een glooiende
vorm gemaakt die bekleed is met
klei met daarin stukjes gedroogd
Equisetum. De rand van de vorm
werd afgewerkt met het pluis van de
lisdodde *(Typha)*. De vorm is gevuld
met steekschuim. De bloemen zijn in
een massa in de vorm gezet en
voorzien van een aantal slierten
leer.

**A piece of polystyrene has been cut
into an irregular shape, covered in
modelling clay and then had pieces
of dried *Equisetum* inserted into it.
Floral foam has been placed into the
base, and the edges have then been
finished with bulrush fluff *(Typha)*.
The anthuriums form a mass of
flowers in the centre, with several
ribbons of leather added for extra
effect.**

Nexia

Piepschuimballen zijn bekleed met klei met daarin stukjes zwart pitriet. Door aan de onderkant geen pitriet te steken rollen de balletjes niet om. Een drietal ballen is voorzien van een waterbuisje. De anthuriums zijn eenvoudig in de buisjes verwerkt en maken het beeld compleet.

Polystyrene spheres have been covered in modelling clay. By inserting pieces of black rattan all over except for at the base, the spheres do not roll around. Three of the spheres contain a tube of water. The anthuriums, simply placed in the tubes of water, complete the effect perfectly.

Marysia

Op een glazen accubak is een frame geplaatst dat gemaakt is door Malus (sierappeltjes) te rijgen aan ijzerdraad van 1,2 mm dik. Dit levert een bijzonder en stevig frame op. In de bak is oasis geplaatst dat is bestrooid met dezelfde sierappeltjes. De bloemen zijn ertussen gestoken.

Malus (crab apples) have been threaded on 1.2mm-thick wire and used to create a frame that has then been placed over a glass battery case. This results in a striking and particularly sturdy construction. The crab apples have also been scattered onto the oasis contained in the case, with the flowers inserted in between them.

Midori

In een dik stuk bamboe zijn gaten van verschillende grootte gemaakt. Het *Typha*-blad en het pitriet konden hierin makkelijk worden verwerkt en verweven, evenals de 'ranken' van groen rendiermos. De frisgroene anthuriums zitten in buisjes in de bamboe.

Holes of varying sizes have been made in a thick piece of bamboo. The *Typha* leaves and the rattan can be easily inserted into and entwined with the bamboo, as can the 'tendrils' made from green reindeer moss. The fresh-green anthuriums have been placed in tubes in the bamboo.

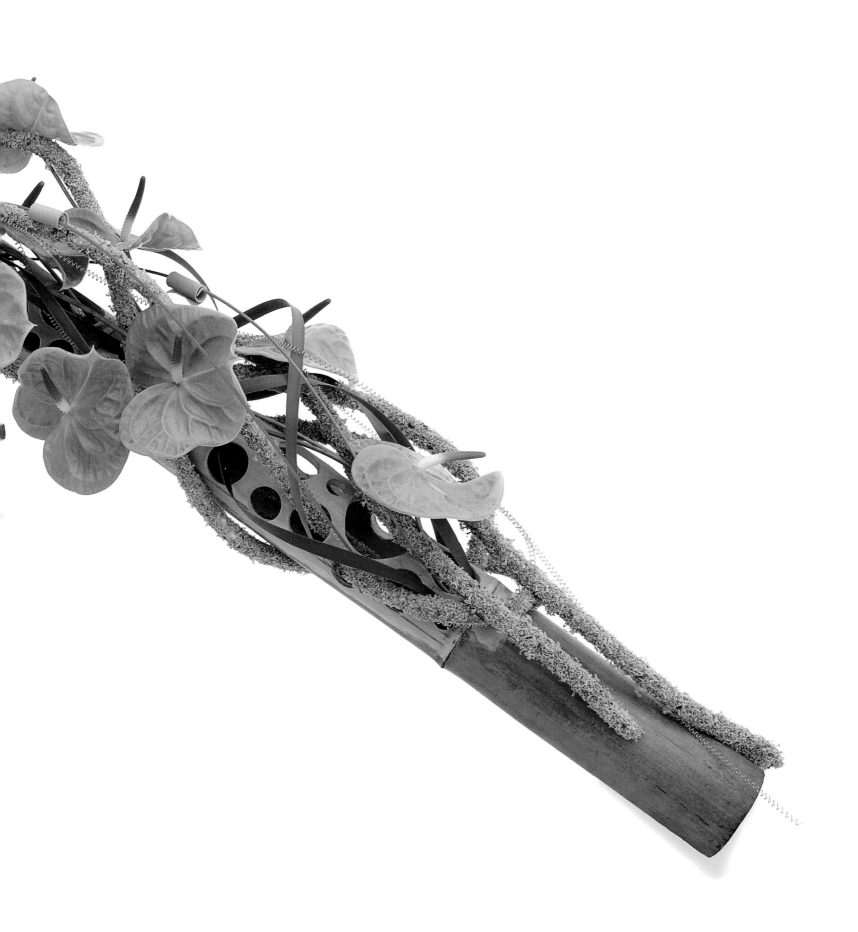

Grace

In een schaal die als mal diende, is pitriet gestrooid en verlijmd. Na droging is de vorm op tonkinstokjes gezet om een zwevend effect te krijgen. De anthuriumbloemen zitten in plastic buisjes die zijn omwikkeld met gaasverband. De *Scabiosa* en peperbessen zijn droog verwerkt. De ronde witte schelpjes zorgen subtiel voor een extra accent.

Using a dish as a mould, pieces of rattan have been scattered haphazardly and then glued together. Once dry, the resulting form has been placed on pieces of tonkin cane to create a sense of floating. The anthurium flowers have been placed in gauze-wrapped plastic tubes. The *Scabiosa* and pepper berries are dried. The round, white shells are a subtle extra touch.

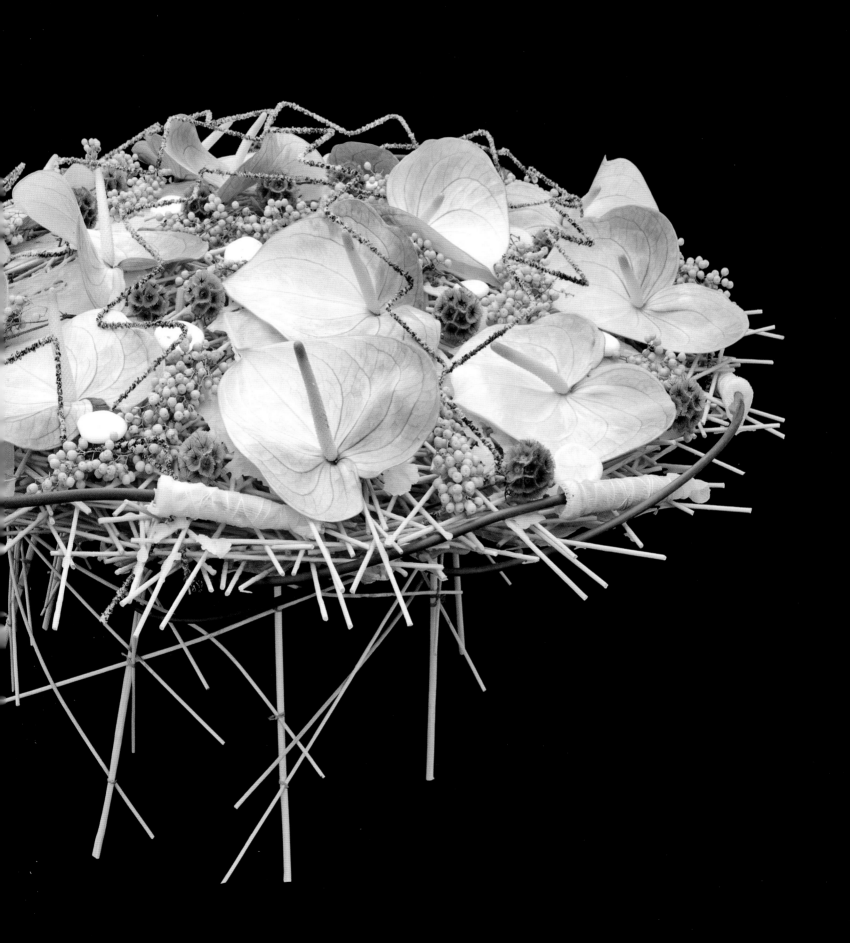

Summer

Een oude stronk van een perenboom is de basis van deze compositie. In het hout zijn gaten geboord waarin zowel de buisjes als het gedroogde rode pitriet zijn gestoken. De constructie houdt de felgekleurde anthuriums, die het geheel kracht geven, op hun plaats.

A weathered branch from a pear tree forms the basis for this composition. Holes have been drilled into the wood to allow both the tubes and the dried, red rattan to be inserted. The framework holds the striking anthuriums – the key to the display's intensity – in place.

President

Met behulp van een hoge vaas is met houtband, aluminiumdraad en mosdraad eenzelfde vorm gemaakt. Nadat de vaas uit deze vorm werd gehaald is de vorm omgekeerd op de vaas geplaatst. In de constructie zijn grote anthuriums verwerkt, waarna er met houtband nog wat extra wikkelingen zijn toegevoegd om diepte te verkrijgen.

Strips of wood, aluminium wire and moss wire have been wound around the outside of a tall vase to replicate its shape. After removing the vase from the resulting framework, the structure has then been inverted and placed on top of the vase. Large anthuriums have been placed inside and more strips of wood have subsequently been wrapped around them to create a sense of depth.

Zafira

In een glazen schaal zijn groene luffa's geklemd. Door ze onderling te verbinden met groen pitriet is een stevige basis ontstaan. Met ditzelfde pitriet is ook het frame gemaakt dat stevig in de luffa's is gezet. Het houdt de anthuriums op hun plek. De bloemen zorgen voor rust en geven een bijzondere uitstraling aan het geheel.

Green loofahs have been wedged into a glass tray, having been connected together using green rattan to create a sturdy base. The same green rattan has also been inserted into the loofahs, resulting in a stable framework to hold the anthuriums in place. The flowers lend an air of serenity and sense of uniqueness to the overall design.

Gabriëlla

Een vaas gevuld met steekschuim
werd vol gestoken met anthuriums en
Kalanchoe-blad. Deze krachtige
combinatie wordt versterkt door
ijzerdraden die met wol zijn omwikkeld.

**Anthuriums and *Kalanchoe* leaves have
been packed into a vase filled with floral
foam. Lengths of wool-wrapped wire
reinforce this striking combination.**

Rosa ANTIQUE

In een stijlvolle glazen vaas is een boeketframe gemaakt van Lucky Bamboo *(Dracaena sanderiana)*. De bloemen geven het geheel een krachtige uitstraling en sfeer.

A bouquet framework of Lucky Bamboo *(Dracaena sanderiana)* has been constructed in an elegant glass vase. The flowers inject visual intensity and create a sense of forcefulness.

Verino

Met behulp van tandenstokers is van de *Polygonum*-stelen een stevige constructie gemaakt. De frisse tint van de anthuriums samen met *Asparagus asparagoides* maken deze compositie compleet.

Toothpicks have been used to create a sturdy structure of *Polygonum* stems. The refreshing pastel shades of the anthuriums in combination with *Asparagus asparagoides* complete this display perfectly.

Safari

In een oude waterkan zijn de stammen van *Philondendron* 'Xanadu' gezet. De bijzondere anthuriums zijn hiertussen gestoken en geven een opvallende uitstraling aan dit arrangement.

The stems of *Philondendron* 'Xanadu' have been placed in an antique water jug. The striking anthuriums have been inserted in between to create an exquisite composition.

Moments

In een grote witte schaal is steekschuim geplaatst dat werd bestrooid met grind. De gebleekte en gedroogde veenbesstruikjes geven stevigheid aan de bloemen die uit de schaal komen.

Floral foam has been placed in a large white dish and covered with pebbles. The bleached and dried cranberry sprigs support the flowers protruding from the dish.

Magic White

Een stuk mat van witte rotan is als een cilinder in een witte pot geplaatst. De anthuriums zijn door de gaten van het rotan in oasis gestoken. Een aantal korte stukken elektriciteitsdraad is eroverheen gedrapeerd om het geheel een vloeiende lijn te geven.

A section of white rattan matting has been rolled up to form a cylinder and placed in a white pot. The anthuriums have been inserted through the holes in the rattan and into the oasis foam. Several lengths of electrical wire have been draped over the top to create an overall sense of flow.

Acropolis

Een witte mand is gevuld met steekschuim. Hierin zijn dakpansgewijs de bloemen gestoken. Stukjes keramiektegel zijn op stokjes gelijmd en bovenin verwerkt tot een mozaïek. Ook de stukjes tegel op de bloemen zijn met lijm bevestigd. De *Glyceria*-bladeren zijn hiertussen gestoken.

A white basket has been filled with floral foam. The flowers have been simply inserted into the foam and arranged in a fish-scale pattern. The pieces of ceramic tile on top of the flowers have been glued in place with adhesive. The *Glyceria* leaves were inserted as a finishing touch.

Mozaïek Queen

Op een schaal is een frame gemaakt
van gebleekt hout met wikkelingen
van wol. Het frame werd over
steekschuim heen geplaatst, dat is
bestrooid met grind. In deze basis zijn
de anthuriums zo verwerkt dat ze
mooi loskomen van de vorm. Enkele
ijzerdraden omwikkeld met wol maken
het geheel af

**A framework has been constructed out
of bleached wood partially wrapped in
wool and placed on a dish. The
structure was then placed over floral
foam covered with fine gravel. The
anthuriums have been inserted into
the framework in such a way that they
appear to be emerging from the
structure. A handful of pieces of wool-
wrapped wire complete the overall
effect.**

Pim van den Akker
www.pimdesigned.nl
T + 31 (0)15 3805095
F + 31 (0)15 3805098
info@pimdesigned.nl

© 2011 Uitgeverij Terra Lannoo B.V.
Postbus 97, 3990 DB Houten
info@terralannoo.nl
www.terralannoo.nl

Photography
Thesi Geesink
www.thesigeesink.nl

Text
Pim van den Akker

English translation
Lynn Radford
www.Englishproof.nl

Art Direction and design
Erik Rikkelman, Van Vandaag, Amsterdam
www.vanvandaag.nu

Project coordination and editing
Hélène Lesger – Books, Rights & More, Amsterdam
info@booksrightsandmore.nl

Printing and Binding
Printer Trento, Italië

ISBN 978-90-8989-450-2
NUR 421

For more information about the anthurium and for details
of the complete assortment, please visit: WWW.ANTHURIUM.INFO

Acknowledgements
I would like to thank Terra Lannoo
for having faith in this latest book, and my parents,
Liselotte and Joep, for all their support.

Sponsors
Smithers Oasis
De Nederlandse Anthurium Vereniging
(The Dutch Anthurium Association)
www.anthurium.info